Bernd Schreiber

Feuerwehrgeschichten

Zeichnungen von Wilfried Gebhard

Die Deutsche Bibliothek – CIP-Einheitsaufnahme

Schreiber, Bernd:
Leselöwen-Feuerwehrgeschichten / Bernd Schreiber.
Ill.: Wilfried Gebhard.
– 1. Aufl.. – Bindlach : Loewe, 2002
(Leselöwen)
ISBN 3-7855-4172-4

*Der Umwelt zuliebe ist dieses Buch
auf chlorfrei gebleichtem Papier gedruckt.*

ISBN 3-7855-4172-4 – 1. Auflage 2002
© 2002 Loewe Verlag GmbH, Bindlach
Umschlagillustration: Wilfried Gebhard
Gesamtherstellung: sachsendruck, Plauen
Printed in Germany

www.loewe-verlag.de

Inhalt

Erste Hilfe 9
Feuer! 16
SOS 25
Pony in Gefahr 32
Vermisst 39
Die Brandschutzübung 46
Von wegen Feigling! 53

Erste Hilfe

„Wir müssen da entlang!", behauptet Benni.

„Quatsch!", sagt Julia. „Das Zeltlager liegt in der Richtung!" Sie deutet auf die Lichtung, die sie sich auf dem Hinweg gut eingeprägt hat.

Jasmin, Lars und Marvin vertrauen lieber auf Julia.

Alle fünf sind bei der Jugendfeuerwehr und nehmen gerade an einem Orientierungsmarsch teil. Ihre Aufgabe ist es, zum Zeltlager zurückzufinden.

Die Kinder stehen mitten im Wald.
Keiner von ihnen ist vorher jemals hier
gewesen.

„Immer bestimmst du, wo es langgeht!",
mault Benni.

„Wenn du dich unbedingt verlaufen
willst, geh doch in die andere Richtung!",
sagt Julia.

So sicher ist sich Benni nun auch wieder
nicht, also schließt er sich Julia und den
anderen an.

„Wann kommt denn endlich das Zeltlager?", fragt Jasmin ungeduldig.

„Wir sind gleich da", antwortet Julia.

„Woher willst du das so genau wissen?",
stänkert Benni.

„Da vorne ist ein Bach!", antwortet Julia. „Das war das Erste, was ich mir gemerkt habe, als wir das Zeltlager verlassen haben."

„Julia hat Recht!", denkt Benni. Er rennt los. „Wer als Erster beim Zeltlager ist!", ruft er.

Benni rennt auf den Bach zu und springt mühelos darüber. Doch beim Aufkommen verdreht er sich den rechten Fuß. Er stürzt. „Au, mein Fuß!", schreit er.

Die anderen lachen schadenfroh. Weil aber Benni weiterstöhnt, laufen sie zu ihm.

„Das tut so weh!", jammert er.

„Vielleicht ist der Fuß gebrochen", sagt Marvin.

„Den Gruppensieg können wir jedenfalls in den Wind schreiben", meint Lars.

„Lass mich mal gucken!", sagt Julia. Vorsichtig zieht sie Benni den rechten Schuh aus und dann seinen Strumpf.

„Ahh!", stöhnt Benni.

„Du musst dich mit dem Rücken gegen den Baum lehnen!", rät Julia. „Das ist besser für deinen Kreislauf."

Benni, der ziemlich blass geworden ist, folgt Julias Anweisung.

„Wir müssen deinen Fuß hochlegen, damit das Blut nicht so durchströmt!", sagt Julia. „Gib mir deinen Rucksack, Jasmin!"

Julia legt Jasmins Rucksack unter Bennis rechtes Bein.

„Lars und Marvin, ihr rennt zum Zeltlager und holt Hilfe!", ordnet Julia an. „Ihr müsst da lang!"

Lars und Marvin wollen los.

„Lass dein T-Shirt da, Marvin!", verlangt Julia. „Jasmin, du gehst damit zum Bach! Wir brauchen etwas, um seinen Fuß zu kühlen!"

Marvin zieht sein T-Shirt aus und reicht es Jasmin. Dann rennt er mit Lars zum Zeltlager.

Jasmin taucht Marvins T-Shirt in den Bach, wringt es aus und reicht es Julia.

Vorsichtig wickelt Julia den feuchten Stoff um Bennis Fuß. „Dann schwillt dein Fuß nicht so an", erklärt sie. „Besser jetzt?"

„Hmhh!", sagt Benni.

Julia versucht, Benni ein wenig abzulenken. Sie erzählt vom letzten Zeltlager – als Benni noch nicht bei der Feuerwehr war – und was sie dabei alles so erlebt hat.

Wenig später kommen auch schon Lars und Marvin mit vier jugendlichen Helfern. Einer der Jugendlichen ist Sanitäter.

„Gute Arbeit!", lobt er Julia, nachdem er sich Bennis Fuß angesehen hat. „Wenn er Glück hat, ist der Fuß nur verstaucht."

Mit einem Rettungstuch tragen die Jugendlichen Benni zum Zeltlager.

Benni schielt heimlich zu Julia, die neben ihm hergeht. Er findet, dass sie sich prima um ihn gekümmert hat.

Feuer!

Anna schläft tief und fest. Sie träumt von ihrem Hund Rufus. Sie würde ihm so gern ein Kunststück beibringen, doch Rufus will nichts davon wissen. Er bellt Anna an.

„Aus!", befiehlt Anna in ihrem Traum.

Rufus hört nicht auf zu bellen. Anna wird allmählich böse. „Aus!", ruft sie immer wieder.

Rufus will nicht auf sie hören. Im Gegenteil, sein Bellen wird immer lauter ...

Plötzlich schrickt Anna auf. Zuerst glaubt sie, sie würde sich noch immer in ihrem Traum befinden, denn das Bellen will einfach kein Ende nehmen. Aber es ist kein Traum. Rufus steht wirklich neben ihrem Bett und bellt.

„Rufus, du hast mich geweckt!", schimpft Anna.

Rufus ist ganz aufgeregt. Bellend rennt er zur Tür, die einen Spalt offen steht.

Auf einmal dringt ein stechender Geruch in Annas Nase. Sie springt aus dem Bett und eilt auf den Gang. Dicker, schwarzer Rauch dringt im Treppenhaus nach oben.

„Es brennt!", schießt es Anna durch den Kopf.

Sie will nach unten, zu Papa und Mama, doch der Rauch versperrt ihr den Weg. Anna gerät in Panik.

„Papa! Mama!", ruft sie.

Sie begreift nicht, weshalb ihre Eltern das Feuer nicht längst bemerkt haben. Warum kommen sie nicht nach oben und holen sie?

Da fällt Anna ein, dass Papa und Mama auf dem Elternabend sind. Sie ist ganz allein. Nur Rufus ist bei ihr.

Der Rauch nimmt zu. Was soll sie nur machen? Anna fängt zu weinen an. Rufus läuft aufgeregt hin und her und winselt.

Der Rauch ist so stark geworden, dass Anna husten muss. Wenn doch nur Papa und Mama da wären! Rufus hat wieder zu bellen begonnen.

Rauch ist schlimmer als Feuer! An diesen Satz muss Anna plötzlich denken. Sie hat ihn im Unterricht gelernt, als sie bei Frau Buchholz Brandschutzerziehung hatten. Anna hat noch viel mehr gelernt. Ihr fällt wieder ein, wie sie sich verhalten muss.

„Schnell!", sagt Anna zu Rufus. Sie eilt mit ihm in ihr Zimmer und macht die Tür hinter sich zu.

„Damit kein Rauch eindringt!", erklärt sie, als könnte Rufus ihre Worte verstehen.

„Und jetzt das Fenster auf! Dann bekommen wir frische Luft!"

Anna zerrt den Vorhang beiseite und reißt das Fenster auf. Sie blickt zur Tür. Rauch dringt unten durch die Ritze.

„Ich habe vergessen, nasse Tücher davor zu legen!", denkt sie panisch. Sie müsste ins Bad, wo genügend Handtücher sind. Und nur dort gibt es auch Wasser. Doch es ist zu spät. Anna könnte bei dem starken Rauch ersticken.

„Hilfe!", ruft Anna verzweifelt aus dem Fenster. „Hilfe!"

Ein junges Pärchen, das Arm in Arm auf der anderen Straßenseite vorübergeht, wird auf Anna aufmerksam.

„Hilfe!", ruft Anna. „Es brennt!"

Der junge Mann rennt zur nahe gelegenen Telefonzelle und alarmiert die Feuerwehr.

Anna schaut immer wieder zur Tür, wo ununterbrochen Rauch durch die Ritze dringt.

„Hilfe!", ruft sie.

„Die Feuerwehr ist gleich da!", versucht der junge Mann Anna zu beruhigen.

Von Annas Hilferufen aufgeschreckt, versammeln sich die Leute auf der Straße.

Anna bleibt am Fenster stehen. Sie weiß, dass sie dort vor dem Rauch am sichersten ist. Rufus zittert. Er sieht zu Anna hoch und bellt.

Anna nimmt ihn zu sich auf den Arm. Ängstlich starrt sie auf den Rauch, der ins Zimmer quillt. Wo nur die Feuerwehr bleibt!

Rufus hört nicht auf zu zittern.

„Du brauchst keine Angst zu haben!", schluchzt sie.

Da hört sie die Sirenen der Feuerwehr! Endlich! Gleich drei Feuerwehrautos und ein Krankenwagen halten unten an. Männer springen aus den Autos. Drei von ihnen nehmen eine Leiter von einem Fahrzeug und stellen sie an das Haus. Einer der Feuerwehrmänner klettert hinauf zu Anna.

„Bist du allein?", fragt er Anna.

„Ja!", antwortet sie.

„Und deine Eltern?"

„Die sind nicht da!"

„Gut!", sagt der Feuerwehrmann. „Ich bringe zuerst dich in Sicherheit, dann den Hund! Traust du dir zu, mit mir die Leiter hinunterzuklettern?"

„Ja!", antwortet Anna. „Aber Rufus soll mit!"

„Er könnte mich beißen, wenn ich dich retten will!", erklärt der Feuerwehrmann. „Das willst du doch nicht, oder?"

Anna tut, was der Feuerwehrmann von ihr verlangt. Zwei Minuten später ist Anna in Sicherheit. Ein Notarzt kümmert sich um sie. Dann ist auch Rufus gerettet. Überglücklich nimmt sie ihn in Empfang.

„Danke, dass du mich gerettet hast", sagt sie. „Das werde ich dir nie vergessen!"

SOS

Lukas führt Raffael zum Bootssteg. „Das ist das neue Motorboot von meinem Papa!", sagt er ganz stolz und steigt hinein. „Komm, wir machen eine kleine Spritztour!"

„Dürfen wir das denn?", fragt Raffael.

„Klar!", behauptet Lukas.

Raffael ist die Sache nicht ganz geheuer, trotzdem steigt er ins Boot.

Lukas wirft den Außenborder an und macht die Leine los. Dann gibt er Gas und steuert das Boot mitten auf den Fluss, Richtung Nordsee.

„Geht ganz schön ab!", ruft Lukas. Er lacht.

Raffael wird ganz mulmig. Wenn Lukas doch nur umkehren würde!

Lukas steuert weiter stromabwärts. Plötzlich fängt der Motor zu stottern an. Dann gibt er seinen Geist ganz auf.

„Mist!", sagt Lukas. „Wir haben keinen Sprit mehr!"

„Und jetzt?", fragt Raffael voller Angst.

Wenn Lukas das wüsste! Er bekommt es selbst mit der Angst zu tun. Nicht einmal ein Ruder ist im Boot, mit dem sie zum Ufer paddeln könnten.

Lukas blickt sich verzweifelt um. Nirgends ist ein Boot in Sicht oder ein Segelschiff, das sie auf sich aufmerksam machen könnten. Wie eine Nussschale treibt das Boot auf dem Strom. Die Nordsee ist nicht mehr allzu weit.

Da sieht Lukas am Ufer ein paar Angler. Er steht auf und winkt. „Hilfe!", schreit er. „Hilfe!"

Das Boot fängt an zu schaukeln. Fast hätte Lukas das Gleichgewicht verloren.

Raffael ist starr vor Schreck. Wenn das Boot kentert! Er kann doch nicht schwimmen!

„Hilfe!", schreit Lukas.

Einer der Angler schaut zu ihm her. Der Mann springt auf und rennt zu einem nahe gelegenen Speiselokal.

Das Boot treibt unaufhaltsam weiter.

„Ich will nach Hause!", schluchzt Raffael.

„Der Mann holt sicher Hilfe!", sagt Lukas. „Bald sind wir gerettet!" Doch er glaubt selbst nicht so recht an das, was er sagt.

Endlose Minuten vergehen. Das Boot treibt immer schneller der Nordsee entgegen. Plötzlich hört Lukas ein paar Sirenen. Kurz darauf tauchen auf der Uferpromenade zwei Feuerwehrautos und ein Rettungswagen auf. Jedes Feuerwehrauto

zieht einen Anhänger mit einem Schlauchboot hinter sich her.

Lukas fängt an, wie verrückt zu winken. „Hier sind wir!", schreit er.

Doch zu seinem Entsetzen fährt die Feuerwehr an ihnen vorbei.

„He, hier sind wir!", schreit er sich die Lunge aus dem Leib.

Da sieht er, wie die Fahrzeuge einige hundert Meter weiter anhalten. Ein paar Männer tragen die beiden Schlauchboote die Böschung hinab und setzen sie ins Wasser. Taucher steigen in die Boote und fahren Lukas und Raffael entgegen.

Die Männer nähern sich den Kindern von zwei Seiten und nehmen das Motorboot mit ihren Schlauchbooten in die Mitte.

„Alles in Ordnung?", erkundigt sich einer der Taucher bei den Kindern.

Raffael und Lukas nicken. Der Schreck sitzt ihnen noch in den Gliedern.

Ein Taucher hebt Raffael zu sich ins Schlauchboot. Lukas wird in das andere Boot aufgenommen. Dann werden die beiden zum rettenden Ufer gebracht, das Motorboot von Lukas' Vater im Schlepptau.

Lukas und Raffael zittern noch immer die Knie, als sie wieder festen Boden unter den Füßen haben.

„Tut mir Leid", entschuldigt sich Lukas bei Raffael.

„Dafür bringst du mir Schwimmen bei", schnattert Raffael.

„Versprochen!", sagt Lukas.

Pony in Gefahr

„Du sollst stillhalten, Balu!", schimpft Svenja. Immer wenn sie ihrem Pony das Halfter anlegen will, zieht das Tier den Kopf beiseite.

Svenja könnte sich schwarz ärgern. Dass Balu sich immer so störrisch anstellen muss!

Irgendwann schafft Svenja es doch. Sie öffnet das Gatter und führt Balu von der Weide. Sie will das Pony in den Stall bringen. Der Stall ist ganz in der Nähe. Svenja muss mit Balu nur ein Stück die Straße entlang.

Auf einmal kommt ein Traktor von einem Hof gefahren. Durch den Lärm gerät Balu in Panik. Er fängt an zu scheuen.

Der Traktor fährt in die andere Richtung. Svenja kann das aufgeregte Tier nicht mehr halten. Es strauchelt und stürzt in den Wassergraben.

Balu kommt sofort auf die Beine und versucht, aus dem Graben zu klettern. Je mehr er sich bemüht, umso tiefer sackt er ein.

Svenja hat panische Angst um ihr Pony. Mit Tränen in den Augen beobachtet sie das Geschehen. Dann eilt sie Balu zu Hilfe. Mit viel Glück kommt sie an den Zügel heran. Verzweifelt zieht sie an dem Riemen. Balu unterstützt Svenja aus Leibeskräften, doch das Pony kommt keinen Millimeter von der Stelle.

Svenja kann nicht mehr. „Ich hole Hilfe!", schluchzt sie. „Ich bin gleich wieder da!"

Svenja rennt nach Hause. Nur ihre Großmutter ist da. Völlig außer Atem erzählt Svenja, was mit Balu passiert ist.

„Das ist ja schrecklich!", meint ihre Großmutter und eilt sofort mit Svenja zu dem verunglückten Pony.

Gemeinsam versuchen sie, Balu aus dem Morast zu ziehen. Weil sie dann aber Angst bekommen, das Pony am Maul zu verletzen, überlegen sie sich, wie sie Balu besser helfen können.

„Bleib du hier und beruhige Balu!", sagt Svenjas Großmutter. „Ich rufe die Feuerwehr!"

Schluchzend redet Svenja auf ihr Pony ein. „Wenn du erst einmal draußen bist, kriegst du so viele Karotten, wie du willst!", verspricht sie ihm.

Wenig später kehrt ihre Großmutter zurück. „Die Feuerwehr ist schon unterwegs", sagt sie.

„Bald bist du wieder frei!", spricht Svenja ihrem Pony Mut zu.

Minuten später trifft die Feuerwehr ein. Die Feuerwehrmänner nehmen einen Wasserschlauch aus dem einen Fahrzeug und legen ihn Balu um das Hinterteil.

„Warum tun Sie das?", fragt Svenja verständnislos einen der Feuerwehrmänner.

„Das ist ein alter Feuerwehrtrick", erklärt dieser.

Damit Balu nach dem Rettungsversuch nicht vor lauter Aufregung davonläuft, hält ihn einer der Feuerwehrmänner am Zügel fest.

Auf ein Kommando beginnen die

Feuerwehrmänner, an beiden Enden des Wasserschlauches kräftig zu ziehen. Balu hilft ihnen, so gut er kann. Stück für Stück kommt Svenjas Pony frei. Dann haben sie es geschafft, und Balu klettert aus dem Graben.

Der Feuerwehrmann hält Balu fest am Zügel und tätschelt ihm den Hals. „Ja, das hast du ganz prima gemacht!", beruhigt er das aufgeregte Tier.

„Danke!", sagt Svenja freudestrahlend, als ihr der Mann den Zügel überreicht. Zärtlich fährt sie Balu über die Nüstern und sagt leise zu ihm: „Nach diesem Schreck hast du dir eine Hand voll Karotten verdient!"

Vermisst

Timmi führt Mozart durch die Parkanlage. Es hat bereits zu dämmern begonnen.

Plötzlich sieht Timmi durch die Bäume viele blaue Lichter blinken. Was da wohl passiert sein mag? Er nimmt Mozart an die Leine und rennt auf die blinkenden Lichter zu.

Schon von weitem erkennt Timmi die Feuerwehr. Die Einsatzwagen stehen vor einem Teich. Männer in Taucheranzügen waten durch das seichte Wasser. Damit die Männer in der Dämmerung besser sehen können, wird der Teich von grellen Scheinwerfern erleuchtet.

„Was ist denn passiert?", fragt Timmi einen Feuerwehrmann, der gerade einen der Scheinwerfer ausgerichtet hat.

„Wir vermissen einen kleinen Jungen", sagt der Mann, ohne Timmi anzugucken.

„Ist er ertrunken?"

Der Mann beobachtet die Taucher im Teich. „Das wissen wir nicht", antwortet er.

„Warum suchen Sie dann hier und nicht woanders?"

Der Mann scheint von Timmis Fragen nicht besonders begeistert zu sein. „Sei doch so gut und geh ein paar Schritte beiseite!", sagt er.

Timmi gehorcht und beobachtet aufmerksam das Geschehen. Da sieht er eine Frau. Sie weint. Ein Mann hat seine Arme um sie gelegt und redet beruhigend auf sie ein.

„Bestimmt sind das die Eltern des vermissten Jungen!", denkt Timmi.

Timmi kennt im Park jeden Winkel. Der vermisste Junge könnte überall sein. Vielleicht sollte er das dem Feuerwehrmann sagen.

Timmi nimmt all seinen Mut zusammen. „Warum suchen Sie nicht auch dahinten?", fragt er den Feuerwehrmann.

Der Mann tut so, als hätte er Timmi nicht gehört.

„Dahinten gibt es ganz viele Seitenwege", versucht er es noch einmal. „Vielleicht hat sich der Junge dort verlaufen."

Der Mann beachtet Timmi noch immer nicht.

„Ich hab's wenigstens versucht", tröstet sich Timmi.

Auf einmal dreht sich der Feuerwehrmann um, als hätte er die Bedeutung von Timmis Worten erst jetzt begriffen. „Gibt es dort auch einen Teich?", will er wissen.

„Nein", antwortet Timmi. „Aber es gibt dort viele Gräser, und man kann bis zum Knöchel im Matsch versinken, wenn man nicht aufpasst!"

„Kannst du uns hinführen?", fragt ihn der Feuerwehrmann.

„Klar!"

Der Feuerwehrmann trommelt sofort ein paar Männer zusammen, und gemeinsam mit Timmi und Mozart machen sie sich auf den Weg. Der Vater des vermissten Jungen hat sich ihnen angeschlossen. Die Feuerwehrmänner, die mit Handscheinwerfern ausgerüstet sind, leuchten in jede Ecke. Doch von dem Jungen fehlt jede Spur.

„Warum wird der Junge denn vermisst?", fragt Timmi den Feuerwehrmann.

Die Antwort erhält er von dem Vater des Jungen: „Er ist ausgerissen, weil ich mit ihm geschimpft habe!"

Timmi führt die Männer zu der Stelle, wo das Gelände am unwegsamsten ist.

„Jakob!", ruft auf einmal der Vater des Jungen. „Jakob!"

Die Feuerwehrmänner suchen das Gelände mit ihren Scheinwerfern ab. Der Boden ist überall morastig.

Plötzlich vernimmt Timmi ein leises Schluchzen. „Da!", ruft er und deutet in die Richtung, aus der das Schluchzen kommt.

Einer der Männer richtet seinen Scheinwerfer auf die entsprechende Stelle. In dem grellen Licht kauert ein kleiner Junge. Seine Schuhe stecken im Morast. Tränen laufen über sein schmutziges Gesicht.

„Jakob!", ruft sein Vater. Er versucht, Jakob über weniger sumpfige Stellen zu erreichen, hebt ihn hoch und drückt ihn ganz fest an sich.

„Wir haben ihn!", ruft der Feuerwehrmann in sein Funkgerät und nennt den genauen Standort. Dann drückt er Timmi feierlich die Hand. „Danke! Das hast du ganz prima gemacht!", sagt er voller Anerkennung.

Die Brandschutzübung

„Ihr wisst, dass wir heute eine Brandschutzübung haben", wendet sich Frau Vogel an ihre Klasse. „Wer kann mir sagen, wie ihr euch zu verhalten habt, wenn Alarm gegeben wird? – Vanessa!"

„Wir tun das, was Sie uns sagen!", antwortet Vanessa.

„Wie verlassen wir das Schulgebäude? Rennt ihr alle einzeln raus?", fragt Frau Vogel.

„Wir bleiben alle in einer Zweierreihe!", antwortet Vanessa.

„Welchen Fluchtweg benutzen wir? Aaron?"

„Wir richten uns nach den Pfeilen auf den Schildern!", entgegnet Aaron.

„Packt ihr alle noch eure Hefte in die Schultaschen, wenn Alarm ist?", will Frau Vogel noch wissen.

Die Kinder lachen. So eine dumme Frage!

„Die Taschen lassen wir hier!", ruft Leon. „Sie behindern uns nur bei der Flucht!"

„Sehr gut!", lobt Frau Vogel. „Und wenn dir einfällt, dass du deine Jacke vergessen hast?"

„Ich renne auf keinen Fall zurück!"

Plötzlich schrillen die Glocken. Feueralarm!

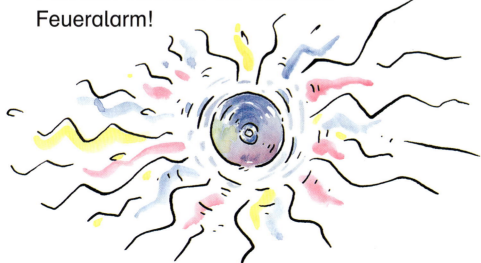

„Nanu?", murmelt Frau Vogel. „Jetzt schon?" Sie blickt irritiert auf ihre Uhr. Der Alarm war doch erst für später vorgesehen.

Die Kinder springen auf.

„Langsam!", ermahnt Frau Vogel die Klasse. „Stellt euch jetzt bitte in einer Zweierreihe auf! So, wie ihr es geübt habt!"

Die Klasse folgt Frau Vogels Anweisung.

„Nicht drängeln!", sagt Frau Vogel. Sie öffnet die Tür des Klassenzimmers und führt die Kinder auf den Gang.

Nach und nach kommen auch die anderen Klassen in Zweierreihen aus den Räumen. Frau Vogels Klasse bildet das Ende der Schlange.

Die Alarmglocken schrillen ohne Unterbrechung.

Auf einmal fängt es im Gang zu qualmen an. Der Qualm kommt aus dem Keller.

„Wer lässt sich denn so etwas einfallen?", fragt sich Frau Vogel und glaubt, es würde zur Übung gehören.

„Der Fluchtweg ist versperrt!", ruft eine Kollegin von Frau Vogel durch den Gang. „Wir müssen zum Hinterausgang hinaus!"

Der Qualm wird immer stärker.

Die Schulkinder werden aufgefordert, sich um hundertachtzig Grad zu drehen, sodass Frau Vogels Klasse jetzt den Kopf der Schlange bildet.

„Ist das keine Übung mehr?", fragt Vanessa ängstlich.

„Doch, doch!", beruhigt Frau Vogel sie.

Zügig, aber ohne in Panik zu geraten, gehen die Schulkinder zum Hinterausgang.

Doch die Tür ist versperrt! Frau Vogel entdeckt den Nothebel. Endlich ist die Tür offen!

Nach und nach verlassen die Klassen das Schulgebäude. In diesem Augenblick kommt der Hausmeister herbeigeeilt.

„Haben Sie sich den Rauch für die Übung einfallen lassen?", fragt Frau Vogel ihn mit einem tadelnden Blick.

„Das war keine Übung!", antwortet der Hausmeister völlig außer Atem. „Es brennt wirklich!"

Da hören Vanessa und die anderen Schulkinder in der Ferne die Sirenen der Feuerwehr. Was für ein Glück, dass sie genau zum richtigen Zeitpunkt die Brandschutzübung hatten!

Von wegen Feigling!

Florian ist mit Christian verabredet. Er klingelt an der Tür. Niemand öffnet ihm. Florian klingelt noch einmal. Endlich geht die Tür auf, und das blasse Gesicht von Christian erscheint.

„Mann, du bist's!", atmet er erleichtert auf und lässt Florian in die Wohnung.

Christian ist nicht allein. Robert ist noch bei ihm. Florian kann Robert nicht leiden.

„Wir wollten gerade bei der Feuerwehr anrufen, als du geklingelt hast!", sagt Robert. „Da hat Christian es mit der Angst gekriegt!" Robert lacht.

„Gar nicht!", entgegnet Christian peinlich berührt. Dass Robert nie die Klappe halten kann!

„Brennt's irgendwo?", fragt Florian entgeistert.

„Ja, in der Bahnhofstraße 25!", antwortet Robert und grinst. „Da wohnt nämlich meine Lehrerin!"

Florian versteht kein Wort.

„Mann, das behaupten wir doch nur!", erklärt Christian. „Dann legen wir wieder auf!"

„So etwas ist verboten!", sagt Florian.

„Na und?", entgegnet Robert. „Los, du rufst jetzt an!"

„Ich bin doch nicht dumm!" Florian zeigt ihm den Vogel.

„Aber feige!", fordert Robert ihn heraus.

„Ich bin nicht feige! Ich kann im Schwimmbad im Tiefen tauchen, und vom Einmeterbrett bin ich auch schon gesprungen! Das kannst du nicht!"

„Phhh!", macht Robert. „Das ist doch Babykram! Wenn du wirklich Mut hast, rufst du an!"

„Mein Onkel ist bei der Feuerwehr!", entgegnet Florian. „Da rufen ganz oft Leute an und geben falschen Alarm. Plötzlich hat es wirklich gebrannt, und mein Onkel ist viel zu spät zu dem brennenden Haus gekommen. Es ist völlig abgebrannt. Hätte die Feuerwehr durch den falschen Alarm nicht so viel Zeit verloren, hätte sie das Haus vielleicht noch retten können!"

Für eine Sekunde scheint Robert nachzudenken, doch der Gedanke, wegen Florian klein beizugeben, schmeckt ihm nicht.

„Es wird aber nirgends brennen!"

Florian hat genug von Robert. „Ich fahre jetzt zum Fußballplatz. Kommst du mit, Christian?"

Christian weiß nicht so recht, wie er sich entscheiden soll. Er will in den Augen von Robert kein Feigling sein.

Robert nimmt den Hörer in die Hand und grinst. „Wetten, ich trau mich?"

„Die Feuerwehr hat eine Fangschaltung!", warnt ihn Florian. „Damit findet sie leicht heraus, woher der Anruf kommt! Und wenn sie dich dann erwischt haben, musst du ganz viel Strafe bezahlen!"

„Das ist ja nicht mein Telefon!", grinst Robert.

„Aber unseres!" Christian muss auf einmal an den Ärger denken, den er sich zwangsläufig einhandelt, wenn er Robert anrufen lässt, und nimmt ihm den Hörer ab.

„Feiglinge!", entgegnet dieser.

Christian schnappt sich seinen Fußball. „Komm lieber mit zum Fußballplatz! Da kannst du zeigen, was du wirklich draufhast!"

Robert springt auf die neue Herausforderung sofort an. „Euch mach ich doch fertig!", prahlt er und schlägt Christian den Ball aus der Hand. „Von mir aus kann's losgehen!"

Und plötzlich ist er froh, dass Christian ihn davor bewahrt hat, der Feuerwehr einen bösen Streich zu spielen.

Bernd Schreiber wurde 1952 geboren. Eigentlich wollte er Lehrer werden und studierte Germanistik und Religionspädagogik. Heute arbeitet er mit Kindern und Jugendlichen im sozialpädagogischen Bereich und als Autor von Kinder- und Jugendbüchern. Er lebt in der Nähe von Bremen, liebt angelsächsische Literatur und das Leben in der Provinz.

Wilfried Gebhard ist in Crailsheim geboren und in Stuttgart aufgewachsen. Nach dem Grafikstudium an der Grafischen Fachschule und der Staatlichen Akademie der bildenden Künste in Stuttgart arbeitete er zunächst in der Werbung. Später kam er zum Cartoon und zur Illustration. Neben zahlreichen Veröffentlichungen in Magazinen und Zeitschriften, Cartoon- und Kinderbuchverlagen entstanden Arbeiten fürs Kinderfernsehen.

Der Autor dankt Herrn Knorr und Herrn Iden von der Feuerwehr Bremen für ihre sachkundige Beratung und freundliche Unterstützung.

Leselöwen

Jede Geschichte ein neues Abenteuer